Gönne deinen Augen ein wenig Ruhe

Konzentriere dich auf deine anderen Sinne. Was kannst du hören? Riechen? Schmecken? Fühlen? Lass zu, dass dir der Ort unter die Haut geht.

Verbringe einen Nachmittag allein

... oder wenigstens ein bis zwei Stunden. Tauscht euch danach aus. Was hat jeder gemacht? Seid ihr euch über den Weg gelaufen? Geht zu euren Lieblingsorten zurück und führt euch wie Reiseführer herum.

Freunde dich mit Straßenkatzen an

Du kannst genauso viel über die Seele eines Ortes von Katzen, Enten und Eichhörnchen erfahren wie von jedem Fremdenführer oder Taxifahrer.

Illustrationen von Grace Helmer

Grace Helmer, geboren in Brighton, lebt und arbeitet als Illustratorin und Künstlerin in London. Ihre spielerischen und farbenfrohen Bilder fangen die Entdeckerlust ein, die wir empfinden, wenn wir einen Ort zum ersten Mal besuchen, und feiern die Schönheit im Alltäglichen.

Bitte beachte

Diese Karten setzen ein gewisses Maß an gesundem Menschenverstand und Vorsicht voraus. Weder der Laurence King Verlag noch die Autoren übernehmen die Haftung für die Konsequenzen, die sich aus dem Gebrauch oder Missbrauch der Karten ergeben.

Besuche am selben Tag den höchsten und niedrigsten Punkt der Stadt

Wähle eine Route von Küste, Krypta, Keller oder Katakombe zu Berg, Turm, Stadtmauer oder Hochhaus.

R&J
「アップ」
スーパー

Stehe Schlange

Frage nicht, wofür. Wenn so viele Leute anstehen, *muss* es gut sein.

Verlasse deine Komfortzone

Wenn du klaustrophobisch
bist, besuche eine Krypta.

Wenn du keine Höhen magst,
besteige einen Glockenturm.

Wenn du Fleischesser bist, probiere den
geräucherten Aal oder die frittierten Insekten.

Gib Zeit statt Geld aus

Verbringe einen Nachmittag ohne Geldbeutel. Beschäftige dich mit Dingen, die nichts mit Konsum zu tun haben. Achte darauf, wie die Zeit anders verstreicht.

Lass Dir einen ortstypischen Haarschnitt verpassen

Es gibt keinen schnelleren Weg, sich wie ein Einheimischer zu fühlen, als wie ein Einheimischer *auszusehen*.

Probiere etwas an, das du sonst nie tragen würdest

Gehe in eines der Geschäfte oder Kaufhäuser. Vielleicht findest du ja zu einem komplett neuen Lebensgefühl.

Beschränke dich auf drei Fotos pro Tag

Wähle mit Bedacht.

VIA DEI MERCANTI
RUA DO CASTELO
CALLE DE EMBAJADORES
MILK STREET EC2
1er Arrt
QUAI DES ORFÈVRES
Main St

Achte auf Straßenschilder, die eine Geschichte erzählen

Manchmal ist der Schlüssel zu einem Ort direkt vor unseren Augen.

Erkunde Friedhöfe

Suche nicht nach Berühmtheiten. Schau einfach nach den interessantesten, schönsten, ungewöhnlichsten oder bewegendsten Gräbern. Sollte eines einer berühmten Person darunter sein – umso besser!

Finde die Schleichwege und folge ihnen

Als Tourist wird man dazu ermuntert, bestimmte Wege einzuschlagen, aber wie bewegen sich die Einheimischen wirklich durch ihre (Stadt-)Landschaft?

Stehe vor Sonnenaufgang auf

Halte es wie die Ladenbesitzer, Straßenfeger und Lieferanten, und beobachte, wie die Stadt erwacht.

Erstelle aus deiner Reise eine Playlist

Sie sollte die Songs beinhalten, die du im Taxi, in einer Bar oder in einem Laden gehört hast, oder die die Kinder auf der Straße gesungen haben.

Hinterlasse Spuren

Schreibe eine Nachricht für die Gäste, die nach dir kommen. Teile ihnen etwas über das Reiseziel oder die Unterkunft mit, das du gerne vor deiner Ankunft gewusst hättest, oder stelle ihnen eine Aufgabe, die sie während ihres Aufenthaltes meistern müssen.

Nimm an einem Kurs teil

Yoga, Tanz, Aktzeichnen, Tai Chi, Töpfern …
Wie verbringen Einheimische ihre Freizeit?

Erstelle eine Liste mit Dingen, die du sehen möchtest, bevor du aufbrichst

... und hake sie im Verlauf deiner Reise ab. Wenn du in einer Gruppe unterwegs bist, kannst du auch für jeden eine Karte erstellen und Reisebingo spielen.

Besuche jedes Jahr einen neuen Ort

Egal, ob er zwanzig Minuten oder zwanzig Zeitzonen entfernt ist. Bleibe in Bewegung. Sei neugierig.

पंजाब केसरी

Kaufe eine lokale Zeitung

... selbst wenn du kein Wort – oder keinen Buchstaben – verstehst. Was kannst du ihr allein beim Durchblättern entnehmen?

Zeichne eine beliebige Route auf deine Karte und weiche keinen Millimeter von ihr ab

Besichtige die Sehenswürdigkeiten, die dir auf deinem Weg begegnen. Was hättest du verpasst, wenn du den üblichen Touristenpfaden gefolgt wärst?

Liste alle Highlights vor deiner Abreise auf

Erstelle eine neue Liste mit Highlights, wenn du zurück bist. Vergleiche.

Kehre zu einer anderen Jahreszeit zurück

Wenn du einen Ort öfter als einmal besuchst, solltest du zu einer anderen Jahreszeit wiederkommen. Achte auf die unterschiedlichen Gerichte, Gerüche, Bekleidungen und Bräuche. Erkennst du die Parks und Denkmäler wieder? Interessieren dich jetzt ganz andere Aspekte der Stadt?

delicious
ハム・ソーセージ
FRESH
Meat

Gehe in Tante-Emma-Läden und Supermärkte

Achte besonders auf die Produkte
und darauf, wie sie präsentiert werden.
Supermarktgänge können dir genauso viel
über einen Ort verraten wie Nationaldenkmäler.

Schau dir Statuen an

Finde etwas über die Figuren heraus. Weiß überhaupt noch jemand, woran sie gedenken? Oder dienen sie nur noch als Schlafplätze für Tauben?

Entledige dich deiner Uhr

Folge nicht deiner üblichen Routine – lass deinen Körper frei entscheiden. Wache ohne Wecker auf, iss, wann immer du hungrig bist, und gehe spazieren, wenn dir danach ist. Lass das Duschen weg oder dusche zwei Mal. Mach ein Schläfchen.

Singe was du siehst

Erfinde einen neuen Text zur Melodie deines Lieblingsliedes anhand dessen, was du im Vorbeigehen siehst.

SIÉGE 18
RANGÉE C
SECTION 219
RANGÉE C
SIÉGE 19

Gehe ins Theater, ins Konzert oder zu einer Sportveranstaltung

Achte auf Flyer in Kiez-Läden. Je versteckter die Location, desto besser. Noch besser ist, wenn du noch nie von dem gehört hast, was du sehen wirst.

SINCE 1857
KINGFISHER
PREMIUM
LAGER BEER
Meera
मीरा बीयर
Knock Out
AURANGABAD BREWERIES LTD.
GOA
pilsner beer
DRY
AURANG ABAD
Kool Café
AURANGABAD BREWERIES LTD
Cannon
10000
SUPER STRONG BEER
AURANGABAD
BDM
Thums Up
Special
DRINK
COBRA
नाग
Josh

Sammle ungewöhnliche Souvenirs

Steine, Blätter, Servietten von Bars und Restaurants, Magneten, Kronkorken … Erzähle deinen Freunden anhand dieser Souvenirs von deiner Reise.

THANK YOU FOR VISITING
Newport

Verlasse die Stadt

Lauf los und halte erst an, wenn du die Stadt verlassen hast. Geht das überhaupt von dort, wo du bist? Wie lange dauert es? Lässt sich der Moment eindeutig bestimmen oder verschmelzen Stadt und Umland einfach ineinander?

Fahre bis zur Endhaltestelle

Fahre eine Strecke von Anfang bis Ende durch. Achte auf deiner Fahrt durch die Stadt genauso auf die wechselnden Fahrgäste wie auf die wechselnden Sehenswürdigkeiten.

5 35 30 35 35 50 5 30 20 25 20 20 20

Folge deiner Nase

Lass dich bei deiner Entscheidung, wo du essen möchtest, nicht von Online-Rezensionen verführen. Der Geruchssinn macht 90% unseres Geschmackssinns aus. Also immer der Nase nach.

Achte auf Berührungen

Wer hält Händchen? Kommt es bei der Rückgabe des Wechselgeldes zu Kontakt? Küssen sich die Menschen zur Begrüßung? Gibt es Unterschiede zwischen den Geschlechtern?

Komme zu Fuß an

Steige eine Haltestelle vor deinem Ziel aus und gehe den Rest zu Fuß. Lass die Umgebung auf dich wirken.

Gehe dieselben Strecken bei Tag und bei Nacht

Orte verändern sich mit der Färbung des Himmels.

MY BRILLIANT FRIEND
ELENA FERRANTE

Lies ein Buch, das an dem Ort spielt, an dem du dich aufhältst

Sieh die Welt durch die Augen der Romanfiguren. Erkennst du ihre Welt wieder?

Sei ein Gewohnheitstier

Versuche, dir dein übliches Frühstück so exakt wie möglich zusammenzustellen. Was lässt sich nicht beschaffen? Was findest du stattdessen? Was davon wirst du zu Hause übernehmen?

Verbringe einige Zeit an Flussufern oder verweile auf Brücken

Sie eignen sich wunderbar zum Nachdenken und um die kollektiven Träume und Geister eines Ortes vorbeiziehen zu sehen.

Plane deine Wege von A nach B mithilfe einer richtigen Karte

Heutzutage unterschätzt man leicht, was es heißt, eine Landkarte oder einen Stadtplan auf dem Papier zu lesen, zu interpretieren und zu verstehen. Befreie dich von der Tyrannei digitaler Richtungsanweisungen.

La Siesta
13
Hotel
la Siesta

Achte auf neue Wörter oder Redewendungen

... selbst wenn du durch ein Land reist, in dem deine Sprache gesprochen wird. Nimm sie mit nach Hause und spüre ihrem Echo nach.

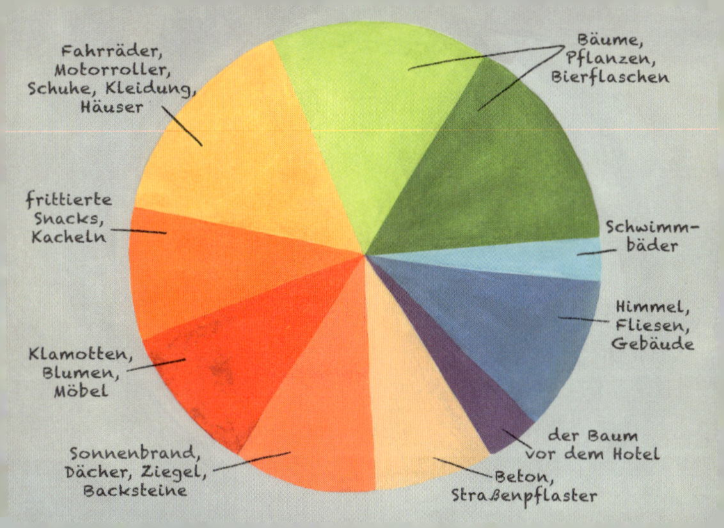
Bäume,
Pflanzen,
Bierflaschen
Schwimm-
bäder
Himmel,
Fliesen,
Gebäude
der Baum
vor dem Hotel
Beton,
Straßenpflaster
Sonnenbrand,
Dächer, Ziegel,
Backsteine
Klamotten,
Blumen,
Möbel
frittierte
Snacks,
Kacheln
Fahrräder,
Motorroller,
Schuhe, Kleidung,
Häuser

Erstelle einen Farbkreis, der zum Ausdruck bringt, was du auf deiner Reise gesehen hast

Erinnere dich an die Qualität des Lichts, das Wasser, die Farben der Erde, die Pflanzen, die Architektur und Innenräume und an die Kleidung der Menschen.

GREETINGS FROM
BRIGHTON

Schicke dir selbst jeden Tag eine Postkarte

Statt ein Tagebuch zu führen, kannst du dir auch an jedem Tag deiner Reise eine Nachricht nach Hause schicken. Und wenn du zurückkehrst, wird schon ein Stapel einzigartiger Erinnerungen auf dich warten.

Verlasse dich auf dein Gedächtnis, nicht auf deine Kamera

Wie oft schaut man sich schon seine Urlaubsfotos an? Dafür gibt es Postkarten. Genieße lieber den Augenblick.

Vermeide die üblichen Wege

Manchmal belohnen uns Umwege mit
den schönsten Urlaubsmomenten.

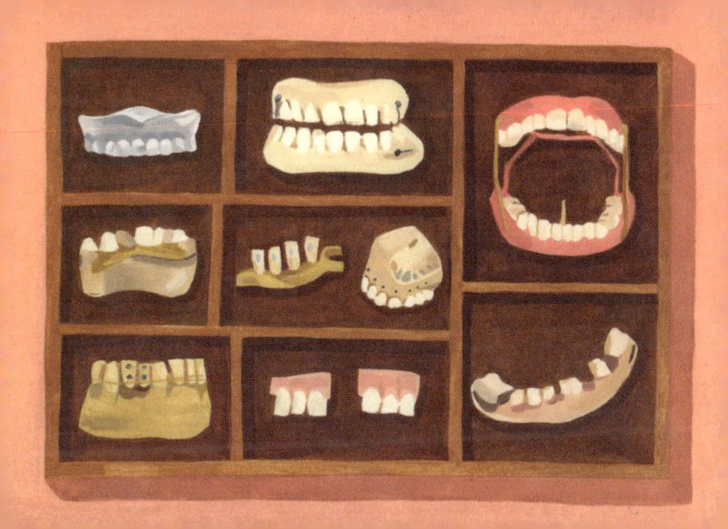

Halte dich von Touristenfallen fern

... und von kulturellen Hochburgen. Jede Stadt verfügt über liebevoll gepflegte und kuratierte Wunderkammern, Kuriositätensammlungen oder Museen, die sich den schaurigen oder profanen Dingen widmen. Warum also nicht einfach mal dort hingehen?

Folge Stimmungen, nicht Straßenkarten

Lass dich von deinem Instinkt und nicht von deinem Reiseführer leiten.

FINER APPARE
CLOTHES
ACCESSOR
gifts

Betrachte die Oberflächen der Stadt, um etwas über ihre Vergangenheit zu erfahren

Fotografiere abblätternde Farbe, bröckelnden Putz, Schimmel, Rost und andere Zeichen des Verfalls. Alle Schrammen, Risse und Flecken haben ihre eigene Geschichte.

Lass zu Hause, was du nicht verlieren möchtest

Belaste dich nicht mit Dingen, die du von einem Ziel zum nächsten schleppen musst.

Nutze alle verfügbaren Transportmittel

Und meide möglichst jene, die den Tieren, den Menschen oder der Umwelt schaden.

Achte auf die Gehweg-Etikette

Wirf einen genauen Blick auf die Körpersprache der Menschen um dich herum, auf die Rituale und Interaktionen zwischen Fremden, Bekannten, Freunden und Paaren. Beobachte, wie sie sich abgrenzen und ihren persönlichen Raum definieren. Wer hat auf den Straßen das Sagen? Die Fußgänger? Der Verkehr? Die Tiere?